Jan Horak

Die Fünfte Gewalt? - Online-Öffentlichkeiten als politisches Korrektiv

Eine Analyse am Beispiel der Plagiatsaffäre um Karl-Theodor zu Guttenberg

GRIN Verlag

Bibliografische Information der Deutschen Nationalbibliothek:

Die Deutsche Bibliothek verzeichnet diese Publikation in der Deutschen National-
bibliografie; detaillierte bibliografische Daten sind im Internet über http://dnb.d-
nb.de/ abrufbar.

Impressum:

Copyright © 2011 GRIN Verlag GmbH
Druck und Bindung: Books on Demand GmbH, Norderstedt Germany
ISBN: 978-3-656-08635-2

Dieses Buch bei GRIN:

http://www.grin.com/de/e-book/183963/die-fuenfte-gewalt-online-oeffentlichkeiten-
als-politisches-korrektiv

GRIN - Your knowledge has value

Der GRIN Verlag publiziert seit 1998 wissenschaftliche Arbeiten von Studenten, Hochschullehrern und anderen Akademikern als eBook und gedrucktes Buch. Die Verlagswebsite www.grin.com ist die ideale Plattform zur Veröffentlichung von Hausarbeiten, Abschlussarbeiten, wissenschaftlichen Aufsätzen, Dissertationen und Fachbüchern.

Besuchen Sie uns im Internet:

http://www.grin.com/

http://www.facebook.com/grincom

http://www.twitter.com/grin_com

Westfälische Wilhelms-Universität Münster
Institut für Kommunikationswissenschaft
Seminar: Wandel der politischen Öffentlichkeit
Sommersemester 2011

Die Fünfte Gewalt?

Online-Öffentlichkeiten als politisches Korrektiv

Eine Analyse am Beispiel der
Plagiatsaffäre um Karl-Theodor zu Guttenberg

Jan Horak

Inhaltsverzeichnis

1. Einführung und Problemstellung

> Sie verhindert ganz einfach die Willkür bei der Ausübung der Macht. Sie zwingt dazu, nach der Verfassung zu regieren. Sie zwingt die Vertreter der Staatsautorität zur Anständigkeit, zur Zurückhaltung, zur Achtung vor sich selbst und den anderen. Kurz, um alles mit einem Wort zu sagen: Sie gibt jedem, der unterdrückt wird, die Möglichkeit, sich zu beklagen und gehört zu werden. (Joly 1968: 87)

Sie, das ist die Presse. Mit der Aussage wird deutlich, welche Rolle ihr in demokratischen Gesellschaftssystemen zugedacht ist: Der eines Wächters über politische Deliberations- und Entscheidungsprozesse, eines neutralen Beobachters und objektiven Kommentators sowie eines Bereitstellers der für eine funktionierende politische Öffentlichkeit notwendigen Infrastruktur – kurz: einer tragenden Säule der Gesellschaft. Diese Charakterisierung gilt in einer modernen Informations- und Wissensgesellschaft nicht nur für die Presse, sondern im Zuge der Entwicklung und Ausdifferenzierung weiterer Informationskanäle und medialer Angebotsformen in gleichem Maße ebenfalls für TV, Radio und andere Massenmedien. So werden ‚die Medien‘ häufig gesammelt als ‚vierte Gewalt‘ im Staat bezeichnet – eine nicht selbstverständliche Attribution (und gleichfalls eine Machtposition), die sie sich im letzten Jahrhundert mühsam erarbeiten mussten.

Mit der Erschließung neuer Kommunikationsräume im Netz ist in den letzten Jahren ein schier unüberblickbares Feld an Onlinemedien[1] unterschiedlichster Strukturen und Erscheinungsformen entstanden. Onlinemedien haben innerhalb gesellschaftlicher und politischer Diskurse rasch an Bedeutung gewonnen, konkurrieren mit den traditionellen journalistischen Akteuren massenmedialer Öffentlichkeit um Inhalte und Aufmerksamkeit und beanspruchen ebenfalls die Rolle eines ‚Watchdogs‘ für sich. Auf diese Weise ist im Netz eine Form von Gegenöffentlichkeit entstanden, deren Akteure sich zwar in Teilen auch der Kommunikationsinstrumente massenmedialer Öffentlichkeit bedienen, die sich bezüglich ihrer Zugänglichkeit, ihrer Funktionsweise und ihres Handlungsrahmens allerdings deutlich von eben jener unterscheidet.

Im Rahmen dieser Arbeit soll dargelegt werden, wie sich das diffuse Konstrukt der ‚Online-Öffentlichkeit‘ theoretisch fassen lässt, inwiefern partizipative Netzöffentlichkeiten von den bekannten Formen massenmedialer Öffentlichkeit differenziert werden können und welche Rolle sie im politischen Prozess einnehmen. Veranschaulichen lässt sich dies sehr gut am Beispiel der Affäre um

---

[1] Dieser im Folgenden häufig verwendete Begriff erfordert an dieser Stelle eine Spezifizierung: Mit ‚Onlinemedien" sind ausdrücklich nicht die Onlineableger traditioneller Massenmedien gemeint, sondern vielmehr ausschließlich eigenständige Angebotsformen, die als souveräne Akteure einer ‚Onlineöffentlichkeit‘ zu betrachten sind.

den ehemaligen Bundesverteidigungsminister Karl-Theodor zu Guttenberg, welcher im Frühjahr 2011 aufgrund der Enttarnung seiner Dissertationsarbeit als Plagiat durch die Nutzer der Onlineplattform GuttenPlag von seinem Amt zurücktreten musste. Anhand des ‚Falls Guttenberg' lässt sich zum einen das deliberative Potential partizipativer Online-(Teil-)Öffentlichkeiten aufzeigen, zum anderen lassen sich Rückschlüsse auf die Handlungsgrenzen traditioneller Massenmedien ziehen. Bei der Analyse soll es deshalb primär um die Frage gehen, ob sich Onlinemedien ebenfalls der ‚vierten Gewalt' zuordnen lassen, oder ob sie möglicherweise sogar eine Vorreiterrolle in demokratischen Deliberations-, Entscheidungs- und Kontrollprozessen einnehmen können, die sie qualitativ von den Vertretern der ‚vierten Gewalt' unterscheidbar macht – in diesem Fall erschiene es legitim, von Online-Öffentlichkeit als ‚fünfter Gewalt' zu sprechen.

2.   Theoretischer Hintergrund

2.1   Medien als ‚vierte Gewalt'

In öffentlichen wie wissenschaftlichen Diskursen werden die Massenmedien häufig als ‚vierte Gewalt' bezeichnet. Diese Begrifflichkeit spielt auf die drei Staatsgewalten Legislative, Exekutive und Judikative an und verweist ferner auf das rechtsstaatliche Prinzip der Gewaltenteilung, welches in Artikel 20 des Grundgesetzes verankert ist und durch welches das Zusammenspiel staatstragender Institutionen mit dem Ziel der Herstellung eines Machtgleichgewichts reguliert und kontrolliert wird. Die Bezeichnung der Medien als ‚vierte Gewalt' rührt von ihrer großen Bedeutung „bei der Information, der Kommunikation, der Urteils- und der politischen Bewußtseinsbildung [sic!] in der Massendemokratie eines Flächenstaates" wie der Bundesrepublik Deutschland (Rüthers 1999: 11). Ihnen kommt somit die Rolle eines Korrektivs in politischen Meinungsbildungs- und Entscheidungsprozessen zu. Aus diesem Anspruch lassen sich verschiedene Aufgaben und Funktionen der Massenmedien ableiten.

So erfüllen die Medien zunächst hauptsächlich eine *Informationsfunktion*: Sie erbringen Informationsleistungen „sowohl im Hinblick auf das soziale, politische und ökonomische System als Ganzes als auch für gesellschaftliche Gruppen und ebenso für die einzelnen Mitglieder dieser Gesellschaft" (Pürer/Raabe 2007: 377) und erweitern somit deren Kenntnisstand bezüglich gesellschaftlich relevanter Sachverhalte und Prozesse. Die Massenmedien erfüllen zudem *politische Funktionen*: Durch ihre Artikulationsfunktion für Organisationen, Institutionen, politische Akteure und Bürger sorgen sie für die *Herstellung von Öffentlichkeit und Transparenz* und schaffen einen Diskursraum für die politische Entscheidungsfindung. Außerdem besteht die bereits erwähnte Informationsfunktion auch in der Befriedigung des Mitteilungsbedürfnisses politischer Akteure „gegenüber der Öffentlichkeit hinsichtlich eigener politischer Entscheidungen, Programme, Nah- und Fernziele" (ebd.: 378). Desweiteren ermöglichen sie die *politische Sozialisation und Integration* „im Hinblick auf Einübung und Aktualisierung der Rolle des Einzelnen als Staatsbürger" (ebd.: 379) und erfüllen eine *politische Bildungsfunktion*, die „einen Beitrag zur Fähigkeit des Einzelnen leisten soll, politische Informationen aufzunehmen und zu verstehen" (ebd.), um eine qualifizierte politische Meinungs- und Urteilsbildung zu gewährleisten. Und nicht zuletzt erfüllen die Medien eine *Kontrollfunktion* in politischen Entscheidungsprozessen, in dem sie die Infrastruktur für die Veröffentlichung von „Kritik- und Kontrollbeiträgen Dritter" (ebd.) bereitstellen sowie selbst die Rolle eines ‚Watchdogs' einnehmen, indem sie gesellschaftliche Missstände aufdecken, das politische Alltags-geschäft kritisch begleiten und politischen Akteuren einen Zwang zur öffentlichen Legitimierung ihres Handelns auferlegen.

Auch hinsichtlich der Qualitätskriterien journalistischer Arbeit werden hohe Anforderungen an die Medien gestellt: Das Kriterium der *Vollständigkeit* bezieht sich auf den Anspruch, dass „möglichst umfassend über soziopolitisch, sozio-ökonomisch und soziokulturell relevantes Geschehen informiert wird", wobei möglichst alle gesellschaftlichen Interessengruppen zu Wort kommen sollen (ebd.: 377). Zudem ist die *Verständlichkeit* der Beiträge sicherzustellen, so dass „ihre Bedeutung im gesellschaftlichen Kontext erkennbar wird, ohne dass Sach-verhalte durch grobe Vereinfachung verzerrt werden" (ebd.: 378.). Ein weiterer Zielzustand journalistischer Berichterstattung ist die *Objektivität*, die durch Aufbe-reitungen gesellschaftlich relevanter Geschehnisse „aus möglichst vielen ver-schiedenen Blickwinkeln und durch eine Vielfalt des medialen Angebots" erreicht werden kann (ebd.). Meinungspluralismus und Medienvielfalt „garantieren den Wechsel der Themen inklusive des Wechsels der Tonfälle, in denen über The-men berichtet wird" (Baecker 2004: 9) und tragen somit wiederum bedeutend zur Erfüllung der eingangs aufgezeigten politischen Funktionen der Massenmedien bei.

Zusammenfassend lässt sich sagen: Die Massenmedien sind ein wichti-ger Teil der demokratischen Gesellschaftsordnung und erfüllen unverzichtbare Funktionen. Sie stellen Öffentlichkeit her, setzen Themen, vermitteln und über-wachen politische Prozesse und haben sich dementsprechend zu einer tragen-den Säule der Demokratie entwickelt. Ihre Rolle als ‚vierte Gewalt' können sie allerdings nur ausüben, wenn die institutionellen, formalen und inhaltlichen Rah-menbedingungen ausreichend gegeben sind.

2.2 Online-Öffentlichkeit(en) als Gegenöffentlichkeit

Internetbasierte Kommunikation hat in den letzten Jahren eine rasante Entwick-lung durchlaufen: Eine verbesserte Infrastruktur und sinkende Kosten für Breit-bandanschlüsse haben in Deutschland und anderen Industriestaaten zu einer fast flächendeckenden Versorgung der Bevölkerung mit Internetzugängen ge-führt, neue Technologien und interaktive Anwendungen ermöglichen innovative Formen des kommunikativen Austausches. Die Verlagerung der Kommunikation ins Netz hat zur Herausbildung diverser Online-(Teil-)Öffentlichkeiten geführt, wobei besonders das Web 2.0 als Grundlage zeitgenössischer Formen von Onli-ne-Öffentlichkeit gelten kann. Dabei handelt es sich nicht – wie der Name zunächst vermuten lässt – um eine bestimmte Technologie oder Anwendung, der Begriff Web 2.0 bezeichnet vielmehr die Gesamtheit verschiedener neuer Angebotsstrukturen und rekurriert auf ein daraus resultierendes verändertes Nutzungsverhalten (vgl. Ebersbach/Glaser/Heigl 2008: 23). Als grundlegendes Charakteristikum des Web 2.0 kann das Prinzip des ‚user-generated content‘ oder ‚user-created content‘ gelten – es besagt, dass der Inhalt eines Webangebots nicht vom Eigentümer der Seite generiert wird, sondern von seinen Nutzern. Webangebote, die auf diesem Prinzip basieren – dazu zählen beispielsweise sämtliche sozialen Netzwerke, Wiki-Plattformen und Blogsysteme – begünstigen nicht nur den Zusammenschluss und die Interaktion der Nutzer, sie erheben sie sogar zur Grundvoraussetzung.

Schon vor dem Aufkommen des Phänomens Web 2.0 gaben die demokratischen Potentiale des Internets Anlass zu umfangreicher wissenschaftlicher Auseinandersetzung. So erkannten Bieber/Leggewie bereits 2004:

> Das Neue und Besondere an den Neuen Medien ist, technisch gesprochen, ihre Rückkanalfähigkeit. Dies ist das eigentliche interaktive Potential, das mit den Konventionen klassischer Massenkommunikation bricht und damit auch einen politischen Kommunikationsstil in Frage stellt, in welchem Großorganisationen [...] als Sender einseitig auf das relativ homogen gedachte Massenpublikum wirken [...]. (Bieber/Leggewie 2004: 125)

Bieber/Leggewie sprechen Internetmedien durch eben jene Rückkanalfähigkeit ein deliberatives Potential zu, welches „in der optimalen Verbindung von ‚Reichweite‘ (Massenkommunikation) und ‚Intensität‘ (moderierte, zum Teil interaktive Foren mit wenigen Dutzend Teilnehmern)" liege. In der Smitten stellt bezüglich der politischen Rolle von Online-Gemeinschaften rückblickend zusammenfassend fest (vgl. In der Smitten 2007: 265ff):

1. Online-Vergemeinschaftung findet statt, und Online-Gemeinschaften sind bestimm- und kategorisierbar
2. Online-Gemeinschaften steht ein breites Repertoire an Handlungsmöglichkeiten zur Verfügung, das politisch genutzt werden kann
3. Online-Gemeinschaften entfalten politische Handlungen
4. [...]
5. Die zentrale Folge politischen Online-Handelns ist die Erregung öffentlicher Aufmerksamkeit als Zeichen gelungener Interessenartikulation [...]

Hier wird deutlich, dass nicht jede Online-Gemeinschaft zugleich eine Online-Öffentlichkeit darstellt, denn Öffentlichkeit nach Habermas impliziert Offenheit:

> Idealerweise ist der Zugang zur Öffentlichkeit uneingeschränkt offen; wer hineintritt, ist allen anderen Mitgliedern vollkommen ebenbürtig; es gibt keine einschränkenden Vorgaben bezüglich der Wahl der diskutierten Themen und [...] der Kreis potentieller Teilnehmer ist unabgeschlossen. (Münker 2009: 74)

Es existieren unzählige Online-Gemeinschaften – beispielsweise in themenbezogenen, einer ausgewählten Nutzerschaft vorbehaltenen Foren – auf die diese idealtypische Beschreibung nicht zutrifft. Dennoch kann in der Gesamtbetrachtung festgehalten werden, dass besonders die partizipativen Angebotsformen des Web 2.0 in ihren Strukturen und Anwendungsbereichen diesem Ideal sehr nahe kommen (vgl. ebd.). So bieten geringe Zugangshürden und die durch zunehmende Angebotsverzahnung und mobile Endgeräte inzwischen annähernd omnipräsente Verfügbarkeit des Social Webs als virtueller Diskursebene ideale Voraussetzungen für die Herausbildung politischer Online-Öffentlichkeiten:

> Bürger können persönliche Öffentlichkeiten nutzen, um ihre eigenen Meinungen und politischen Positionen zu artikulieren, aber sich auch themenbezogen zusammenfinden und gemeinsam oder im Verbund mit zivilgesellschaftlichen Organisationen für bestimmte Anliegen oder Kampagnen engagieren. (Schmidt 2009: 151)

Aus dieser Offenheit des Netzes ergeben sich auch für das vergleichsweise geschlossene ‚System Journalismus' Konsequenzen: Werden – wie es häufig zu beobachten ist – online geführte Debatten von den Massenmedien aufgegriffen und infolgedessen auf die politische Agenda gesetzt, können Online-Öffentlichkeiten zum Motor realer, nichtvirtueller demokratischer Entscheidungsprozesse werden. Online-Öffentlichkeiten können jedoch auch ein mediales Gegengewicht zur Berichterstattung der traditionellen Massenmedien bilden: Die offenen Strukturen des Web 2.0 begünstigen die Bildung kritischer Teilöffentlichkeiten, deren Akteure „ihren als marginalisiert empfundenen Positionen [...] mithilfe von alternativen Medien und Aktionen innerhalb der massenmedialen Öffentlichkeit Gehör verschaffen möchten" (Wimmer 2008: 214). Dies legt die Schlussfolgerung nahe, Online-Öffentlichkeiten als (zumindest potentielle) Gegenöffentlichkeiten zu begreifen, welchen durch die Nutzung alternativer Kommunikationskanäle und die Eröffnung zusätzlicher Diskursebenen eine bedeutende Rolle als Korrektiv in politischen Meinungsbildungs- und Entscheidungsprozessen zukommen kann.

3.   Der Fall Karl-Theodor zu Guttenberg(s)

3.1   Karl-Theodor zu Guttenberg und die Medien

Mit der Ernennung zum Bundesminister für Wirtschaft und Technologie im Februar 2009 begann der rasante Aufstieg des CSU-Politikers Karl-Theodor zu Guttenberg. Im Oktober 2009 folgte die Ernennung zum Bundesverteidigungsminister. In der Folge avancierte zu Guttenberg zum Langezeit unangefochten beliebtesten Politiker Deutschlands, bevor er Anfang März 2011 im Zuge der Plagiatsaffäre um seine Doktorarbeit von allen politischen Ämtern zurücktrat. Um den ‚Fall Guttenberg' nachvollziehen und einordnen zu können, ist zunächst eine Betrachtung des Verhältnisses zwischen dem Politiker Guttenberg und den Massenmedien nötig, denn:

> [W]as die Deutschen über Guttenberg wissen, haben sie zum größten Teil den Medien entnommen. Direkte Politikerfahrung ist in einer repräsentativen Demokratie auf wenige Ausnahmen beschränkt, der Löwenanteil politischer Information entspringt Presse, Rundfunk und Internet. (Hemmelmann 2011: 169)

Die ungewöhnlich schnellen Karrieresprünge verschafften dem CSU-Politiker zu Guttenberg eine dauerhaft hohe Medienpräsenz, die als einer der Grundsteine seiner Popularität gelten kann. Diese Medienpräsenz verdankte zu Guttenberg jedoch zudem „auch seiner Medienkompetenz, die ihm zur Inszenierung und Medialisierung von Ereignissen diente und diese so auf die mediale Agenda beförderte" (Hemmelmann 2011: 173). Durch eine Rücktrittsdrohung im Kontext der ‚Opelkrise' 2009, wiederholte öffentliche Kritik am politischen Alltagsbetrieb sowie sein jugendliches Aussehen und selbstbewusstes Auftreten gelang es ihm, die Illusion einer Distanz zwischen dem Menschen und Politiker zu Guttenberg auf der einen Seite und den Mühlen der Politik auf der anderen Seite herzustellen und lange Zeit aufrecht zu erhalten, so dass seine Popularität trotz oder gerade wegen der allgemein herrschenden Politikverdrossenheit bis hinein ins Frühjahr 2011 unverändert hoch blieb:

> In dieser Situation, in der etwas grundsätzlich gestört zu sein scheint im Verhältnis von Regierenden und Regierten, ist die Zustimmung zu einem Regierungspolitiker ungebrochen hoch: Karl-Theodor Freiherr zu Guttenberg. 70 Prozent der Deutschen zeigen in Umfragen Sympathien für ihn. (Spiegel.de: Der Bürgerkönig)

Die Herstellung und Beibehaltung eines solchen positiven Images ist natürlich undenkbar ohne das Mitwirken der Massenmedien, wobei sich dieser Prozess auf mehreren Ebenen vollzog: So nutzte zu Guttenberg zunächst die Medien

7

geschickt zur Selbstdarstellung und gewann dadurch an Popularität. Im Anschluss wurde dann ebenjene Popularität zum Gegenstand der Berichterstattung, womit sich für zu Guttenberg wiederum eine Bühne zur Selbstinszenierung bot. Ein sich selbst verstärkender Prozess, der zu Guttenberg zum politisch unangreifbaren Volkshelden beförderte, und in dem nicht zuletzt die adlige Herkunft des Politikers eine Rolle spielte: Durch den Glamourfaktor des Barons ließen sich auch seichte Themen abseits der Politik bedienen, was dem Ehepaar zu Guttenberg einen ständigen Platz in Boulevardblättern und Regenbogenpresse sicherte und der Amtsperson zu Guttenberg den Beinamen „Politiker von Gnaden des Boulevards" einbrachte (Leder 2011: 5).

Das Ergebnis dieser ‚Medienpartnerschaft' (vgl. Hemmelmann 2011: 173ff): Zwischen dem ersten November 2008 und dem 30. April 2010 erschienen in der Süddeutschen Zeitung, der Frankfurter Allgemeinen Zeitung, BILD, Zeit, SPIEGEL und Focus insgesamt 596 Beiträge mit deutlichem Guttenberg-Bezug. Im Detail entsprach dies einem Beitrag in jeder zweiten SPIEGEL- und SZ-Ausgabe, in 40 Prozent der Focus- und Zeit-Ausgaben, in jeder dritten FAZ- sowie in jeder vierten BILD-Ausgabe. Von den insgesamt 596 Beiträgen waren 37 Prozent mit einem Bild des Politikers versehen. Jeder zehnte Artikel, in dem zu Guttenberg auftauchte, drehte sich ausschließlich um seine Person. Die adlige Herkunft fand sogar in jedem fünften Artikel Erwähnung, das optische Erscheinungsbild wurde immerhin in 13 Prozent der Beiträge thematisiert. Eine eindeutige Bewertung fand in 42 Prozent der der Artikel statt, davon „in mehr als sieben von zehn Fällen positiv. Besonders oft viel das Urteil über Guttenberg positiv aus, wenn es in den Beiträgen um seine Person ging" (Hemmelmann 2011: 174). Ein deutliches Indiz dafür, dass die hohe Medienpräsenz und die Personalisierungsstrategien Wirkung zeigten – auch weil sie in der Regel auf fruchtbaren Boden stießen:

> Allerdings gehören zum Ränkespiel der Politikvermittlung immer zwei. Zweifellos besitzt Karl-Theodor zu Guttenberg eine außerordentliche Medienkompetenz, doch es ist die Entscheidung der Medien, dass sie von ihm angebotene Fotomotive und Aussagen aufgreifen. (Hemmelmann 2011: 177)

Die Rolle der Medien ist in diesem Zusammenhang also durchaus kritisch zu werten. Zwar lassen sich bei der medialen Darstellung und Bewertung Guttenbergs je nach Medium zum Teil deutliche Unterschiede ausmachen, in der rückblickenden Gesamtbetrachtung ergibt sich jedoch das Bild eines allgegenwärtigen und von den Medien gefeierten Politstars. Besonders die Boulevardzeitung BILD berichtete auffallend oft und positiv über den Minister.

3.2 Die Boulevard-Zeitung BILD

Zwar haben im Laufe seiner Amtszeiten nicht alle Printmedien gleichermaßen wohlwollend über den früheren Bundeswirtschafts- und Bundesverteidigungsminister Karl-Theodor zu Guttenberg berichtet, dennoch blieb bis zum Einsetzen der Diskussionen um den Plagiatsverstoß des Ministers im Februar 2011 „der Medientenor gegenüber Guttenberg im Gesamten stets positiv" (Hemmelmann 2011: 174). So wurde der CSU-Politiker „wie erwartet in den eher konservativ geprägten Blättern besser beurteilt als in Medien, die im politischen Spektrum links der Mitte angesiedelt sind" (ebd.).

Eine besondere Rolle kommt dabei der Boulevard-Zeitung BILD zu. Das Springer-Blatt verfügt mit seinen täglich gut 2,9 Millionen gedruckten Exemplaren über die mit Abstand größte Auflage aller deutschen Tageszeitungen (vgl. Axelspringer-Mediapilot.de: Auflage BILD Belegungseinheiten). Es erreicht täglich etwa 12 Millionen Leser, bezieht in gesellschaftlichen oder politischen Debatten nicht selten eindeutig Stellung und stellt somit eine bedeutende Meinungsmacht in Deutschland dar. Bereits in den Jahren und Monaten vor der Plagiatsaffäre zeichnete sich BILD durch eine große Nähe zu Karl-Theodor zu Guttenberg aus. Die Zeitung begleitete die Amtshandlungen, Entscheidungen und Äußerungen des Ministers stets ausführlich, positionierte sich dabei in der Regel klar als Guttenberg-freundlich und veröffentlichte in loser Folge verschiedene Exklusivgeschichten über das Privatleben zu Guttenbergs und seiner Frau Stephanie. Von dieser ‚Medienpartnerschaft' profitierten sowohl zu Guttenberg als auch BILD:

> Immer wieder nutzt Guttenberg das Boulevardblatt aus dem Hause Springer, um wichtige Entscheidungen oder Informationen der Öffentlichkeit zugänglich zu machen, im Gegenzug stärkt ihm das Blatt demonstrativ den Rücken. (Augsburger-allgemeine.de: Zu Guttenberg und die Bildzeitung)

So auch während der Plagiatsaffäre:

> Die ‚Bild'-Zeitung, die Guttenberg zum Superstar der deutschen Politik gemodelt hat, leistet ihm in all diesen Tagen massive Schützenhilfe. So einfach lässt sich das Blatt sein Produkt nicht aus dem Regal nehmen. (Leder 2011: 5)

Fast täglich veröffentlichte BILD in dieser Zeit redaktionelle Artikel und Meinungsbeiträge mit eindeutig Guttenberg-freundlichem Tenor – mit dem Zweck, zu Guttenberg zu stützen und die öffentliche Meinung zugunsten des Ministers zu beeinflussen.

3.3 Die Internetplattform GuttenPlag

Ein weiterer bedeutender Akteur im ‚Fall Guttenberg‘ war die Internetplattform GuttenPlag (vgl. GuttenPlag.de: Kollaborative Plagiatsdokumentation). Bei GuttenPlag handelt es sich um ein im Februar 2011 gestartetes offenes Wiki, dessen Nutzer es sich zur Aufgabe gemacht haben, plagiierte Passagen in der Dissertation Karl-Theodor zu Guttenbergs aufzuspüren und zu dokumentieren. Die Gründung der Plattform erfolgte unmittelbar nach Einsetzen der öffentlichen Plagiatsdiskussion Mitte Februar 2001.

Das Funktionsprinzip GuttenPlags entspricht dem anderer bekannter Wiki-Plattformen. Wikis erlauben die netzbasierte kollaborative Entwicklung enzyklopädischer Wissensspeicher und „zählen zu den erfolgreichsten und einflussreichsten Entwicklungen in der jüngeren Geschichte des Web [2.0]" (Pentzold 2007: 13). Sie schaffen einen offenen, non-hierarchisch geführten virtuellen Diskursraum, in denen angemeldete Nutzer kollektiv an Dokumenten arbeiten und diese kommentieren können. Es existieren sowohl umfassende Wissenssammlungen wie die bekannte Wikipedia als auch themenspezifische Wikis, deren Nutzer detaillierte Informationen zu einem inhaltlich abgegrenzten Themenfeld zusammentragen. Die Plattform GuttenPlag lässt sich der zweiten Kategorie zuordnen: Auf ihr fanden sich tausende User zusammen, die das gemeinsame Ziel verfolgten, Karl-Theodor zu Guttenberg eines Plagiatsvergehens zu überführen. Die Verantwortlichen weisen dabei ausdrücklich darauf hin, „dass diese Aktion nichts mit politischer Ausrichtung, persönlicher Schmutzkampagne oder ähnlichem zu tun hat" (GuttenPlag.de: Disclaimer), sondern sie sich vielmehr ausschließlich für Transparenz und die Einhaltung wissenschaftlicher Standards einsetzen.

Bis Anfang April 2011 hatte die GuttenPlag-Nutzerschaft in der Dissertation zu Guttenbergs insgesamt „1218 Plagiatsfragmente aus 135 Quellen auf 371 von 393 Seiten (94.4%) in 10421 plagiierten Zeilen (63.8%)" ermittelt und sowohl in Textform als auch grafisch dokumentiert (GuttenPlag.de: Kollaborative Plagiatsdokumentation). Für ihre Arbeit wurde die Plattform am 22. Juni 2011 mit dem ‚Grimme Online Award‘ in der Kategorie ‚Spezial‘ ausgezeichnet (vgl. Grimme-Institut.de: Preisträger 2011). Als Folge der ‚Affäre Guttenberg‘ entstanden zahlreiche weitere Wikis nach dem Vorbild GuttenPlags, die sich der kritischen Auseinandersetzung mit den wissenschaftlichen Abschlussarbeiten diverser Politiker und anderer prominenter Persönlichkeiten widmen (vgl. VroniPlag: Kollaborative Plagiatsdokumentation, WikiPlag: Kollaborative Plagiatsdokumentation u.a.).

3.4   Chronologie des Scheiterns

Ziel der folgenden chronologischen Darstellung der Plagiatsaffäre ist es nicht, bekannte Fakten und Abläufe zu reproduzieren. Vielmehr soll der Betrachtungsfokus auf jenen Akteuren liegen, deren Rolle für die Beantwortung der Fragestellung dieser Arbeit von besonderer Bedeutung ist. Die Darstellung beschränkt sich dabei auf den Zeitraum vom Beginn der öffentlichen Anschuldigungen am 16. Februar 2011 bis zum Rücktritt des Bundesministers am 01. März 2011.

Am 16. Februar 2011 berichtet die Süddeutsche Zeitung, der Bremer Juraprofessor Andreas Fischer-Lescano habe in zu Guttenbergs Dissertation mehrere Textstellen identifiziert, die ohne Quellenangabe aus wissenschaftlichen Arbeiten und journalistischen Artikeln kopiert worden seien (vgl. Sueddeutsche.de: Guttenberg soll bei Doktorarbeit abgeschrieben haben). Zu Guttenberg bezeichnet die Vorwürfe als abstrus und „gibt sich gelassen" (Zeit.de: Guttenberg weist Plagiatsvorwürfe als ‚abstrus' zurück). Zwei Tage später bittet der Minister ausgewählte Journalisten ins Verteidigungsministerium. Er erklärt, seinen akademischen Titel bis zur Klärung der Vorwürfe vorläufig ruhen lassen zu wollen, weist aber weiterhin alle Plagiatsvorwürfe von sich (vgl. Zeit.de: Guttenberg legt Doktortitel vorübergehend nieder). Der Vorgang sorgt für Irritationen, da zu Guttenberg seine Erklärung zeitgleich mit der parallel stattfindenden Bundespressekonferenz abgibt und somit große Teile der Hauptstadtpresse übergeht (vgl. Meedia.de: Eklat: Guttenberg verärgert Journalisten). Dies wird als taktisches Manöver gewertet, um unangenehmen Fragen aus dem Weg zu gehen:

> Die Ansetzung der Erklärung Guttenbergs parallel zu der Zeit, als das Gros der Journalisten in der Bundespressekonferenz sitzt, erfolgt kalkuliert: der Minister will nur eine Stellungnahme abgeben und nicht auf Fragen antworten. Wie bislang will Guttenberg die Darstellung seiner Person in der eigenen Hand behalten. (Leder 2011: 3)

Am 19. Februar wird bekannt, dass Netzaktivisten in einem Gemeinschaftsprojekt daran arbeiten, die Dissertation zu Guttenbergs systematisch auf plagiierte Passagen zu durchsuchen. Zu diesem Zeitpunkt hatten diese bereits mehr als 200 eindeutige Textstellen identifiziert (vgl. Spiegel.de: Im Netz der Plagiate-Jäger). In den Medien wird spekuliert, zu Guttenberg habe für seine Dissertation auf die Arbeit des wissenschaftlichen Dienstes des Bundestages zurückgegriffen oder sogar einen Ghostwriter beschäftigt. Im Rahmen einer CDU-Veranstaltung erklärt zu Guttenberg am 21. Februar, an seinem Amt festhalten zu wollen, den Doktortitel jedoch dauerhaft abzulegen. Während die öffentliche Kritik wächst, erhält zu Guttenberg Rückendeckung von Parteikollegen und Kanzlerin Angela Merkel, welche betont, „keinen wissenschaftlichen Assistenten oder einen Promovieren-den oder einen Inhaber einer Doktorarbeit" berufen zu haben" (Spiegel.de: Union fürchtet den Abgang des Superstars). Ihr gehe es nur um zu Guttenbergs Arbeit als Bundesverteidigungsminister, welche er „hervorragend" erfülle (ebd.). Eine Infratest Blitzerhebung zeigt, dass drei Viertel der Bürger dies zu diesem Zeit-punkt ebenfalls so sehen (vgl. Zeit.de: Deutsche halten weiter zu Guttenberg). Zur gleichen Zeit erklären die Initiatoren der Plattform GuttenPlag, inzwischen 21,5 Prozent der umstrittenen Dissertation als plagiiert identifiziert zu haben (vgl. Spiegel de: Web-Detektive fanden schon mehr als 3000 Plagiats-Zeilen).

Am 23. Februar stellt sich zu Guttenberg in einer Fragestunde im Bundes-tag den Anschuldigungen der Opposition. Der Minister räumt Fehler ein, besteht jedoch darauf, „weder bewusst noch vorsätzlich getäuscht" zu haben (Zeit.de: Guttenberg im Kreuzverhör). Die BILD ruft ihre Leser auf dem Titelblatt dazu auf, per Telefon über die Zukunft zu Guttenbergs abzustimmen und beansprucht mit der Dachzeile ‚Heute stimmt Deutschland ab' die Repräsentativität einer Voller-hebung für sich (vgl. Bildblog.de: Deutschland stimmt sich ab). Am Abend er-kennt die Uni Bayreuth zu Guttenberg den Doktortitel ab (vgl. Sueddeutsche.de: Uni Bayreuth erkennt Guttenberg Doktortitel ab). Am Folgetag macht BILD mit der Schlagzeile ‚Ja, wir stehen zu Guttenberg' auf und beruft sich dabei auf das Ergebnis der eigenen Leserbefragung vom Vortag (vgl. Stern.de: Der treueste Freund des Volksministers). Demnach stimmten 87 Prozent der Umfrageteilneh-mer für einen Verbleib zu Guttenbergs im Amt. Nachdem das Ausmaß plagiierter Textpassagen in der Dissertation zu Guttenbergs bereits am 21. Februar bekannt geworden ist, bringen am 28. Februar mehr als 30.000 Doktoranden und über 1.000 Universitätsprofessoren in offenen Briefen ihren Unmut über das Wissen-schaftsverständnis des Ministers und Verhalten der Kanzlerin zum Ausdruck (Zeit.de: Professoren rebellieren gegen Guttenberg). Während sich die Rücktritts-forderungen häufen, steht Angela Merkel weiterhin zu ihrem Verteidigungsminis-ter und zieht damit ebenfalls Kritik auf sich (vgl. Focus.de: Plagiataffäre wird zu Merkels Problem).

Am Vormittag des 1. März erklärt Karl-Theodor zu Guttenberg aufgrund des öffentlichen Drucks den Rücktritt von seinen politischen Ämtern, weist jedoch den Vorwurf der bewussten Täuschung erneut von sich. Kanzlerin Angela Merkel konstatiert der Plagiatsdebatte „Scheinheiligkeit und Verlogenheit" und unterstellt den Oppositionsparteien, ihnen gehe es dabei „nicht um den Erhalt der wissen-schaftlichen Werte, sondern vor allem um die Schwächung der Union" (Faz.net: Merkel beklagt ‚verlogene Debatte'). Nikolaus Blome, Leiter des BILD-

Hauptstadt-Büros, erklärt in einem Kommentar, mit dem Rücktritt könne „niemand [...] zufrieden sein" (vgl. Bild.de: Guttenberg weg – eine tiefe Zäsur).

3.5 Zwischenfazit

Jeder hochrangige Politiker ist nicht zuletzt abhängig von seiner Beliebtheit im Volk, und das in der Öffentlichkeit gezeichnete Bild wird primär von den Massenmedien geprägt. Der ehemalige Bundeswirtschafts- und Bundesverteidigungsminister Karl-Theodor zu Guttenberg verdankte seine Beliebtheit vor allem seiner positiven Medienpräsenz. Neben dem Talent zur geschickten Selbstinszenierung profitierte zu Guttenberg dabei massiv von der ‚Medienpartnerschaft' mit der BILD-Zeitung und anderen Boulevardblättern. Dieses über die Jahre gewachsene gegenseitige Abhängigkeitsverhältnis beeinflusste auch das Verhalten der Akteure zu Guttenberg und BILD während der Plagiatsaffäre deutlich.

So fällt auf, dass sich zu Guttenberg zu Beginn der politischen Brisanz der gegen ihn erhobenen Anschuldigungen offenbar nicht gänzlich bewusst war – möglicherweise, weil er sich aufgrund der Medienunterstützung für unangreifbar hielt. Sowohl prominente Parteikollegen wie auch Angela Merkel stützten zu Guttenberg öffentlich. Die Kanzlerin tat dies sogar noch, als das volle Ausmaß der Plagiatsaffäre bekannt geworden war – vielleicht, weil auch ihr undenkbar erschien, dass der öffentliche Druck zu groß für den ‚Medienstar' Karl-Theodor zu Guttenberg werden könnte. BILD positionierte sich nach Bekanntwerden der Vorwürfe erwartungsgemäß eindeutig und startete eine umfangreiche Image-Kampagne für den angeschlagenen Minister. Bemerkenswert ist die Rolle der anderen Massenmedien in diesem Prozess: Abgesehen von einem SZ-Artikel als Stein des Anstoßes beschränkten sich diese im Gegensatz zur Guttenberg-freundlichen BILD in der Regel darauf, zu reagieren statt zu agieren; vorangetrieben wurden die Ereignisse vor allem von den ‚Plagiatsjägern' der Onlineplattform GuttenPlag. Mitglieder des kollaborativen Netzwerks deckten stückweise das Ausmaß des Plagiatsbetrugs auf und trugen durch ihre Enthüllungen maßgeblich dazu bei, dass dem Thema verstärkt mediale Aufmerksamkeit zuteilwurde und der öffentliche Druck auf zu Guttenberg somit stetig zunahm. Bis zu seinem Rücktritt und teilweise darüber hinaus konnte sich zu Guttenberg der ungebrochenen Unterstützung weiter Teile der Bevölkerung sicher sein – eine Spätfolge des ‚Medienhypes' der vorangegangenen Jahre und Monate seiner Amtszeit und zusätzlich befeuert durch die BILD-Berichterstattung während der Affäre. Schlussendlich jedoch reichte die Meinungsmacht der auflagenstärksten deutschen Tageszeitung nicht aus, den Minister im Amt zu halten.

13

4. Online-Öffentlichkeit(en) als fünfte Gewalt?

Die dieser Arbeit zugrunde liegenden Fragen, welche Rolle partizipative Netzöffentlichkeiten im politischen Prozess einnehmen bzw. einnehmen können und ob diesen die Rolle einer ‚fünften Gewalt' zugesprochen werden kann, lassen sich am Beispiel der Aktivitäten der Online-Plattform GuttenPlag während der Plagiatsaffäre wie folgt beantworten: Online-Öffentlichkeiten können ein Korrektiv in politischen Meinungsbildungs- und Entscheidungsfindungsprozessen darstellen. Die geringen Zugangshürden, die ständige Verfügbarkeit und die partizipativen Strukturen erlauben einen in Echtzeit stattfindenden, ungefilterten Informationsaustausch sowie die spontane, themengebundene und zielgerichtete Eröffnung zusätzlicher Diskursebenen, auf denen sich Politik und Politiker präsentiert und diskutiert sehen und vor deren Akteuren sie sich letztlich zu verantworten haben.

In ihrer Funktion als Konstrukteure politischer Öffentlichkeit ähneln Online-Medien der Presse bzw. den Massenmedien als ‚vierter Gewalt'. Es bestehen jedoch massive Unterschiede bezüglich der Struktur und der Nutzungsmodalitäten der konstruierten Öffentlichkeiten: Die Einbeziehung der Nutzer und ihre Beförderung von Rezipienten zu Akteuren erlauben innovative kollaborative Arbeitsweisen, die das Handlungspotential von Online-Öffentlichkeiten im Vergleich zu dem der konkurrierenden Akteure massenmedialer Öffentlichkeit ungleich größer erscheinen lassen. Dies hat GuttenPlag eindrucksvoll gezeigt:

> Die Akribie und Vielfalt der textuellen und bildlichen Darstellungen im ‚GuttenPlag Wiki' übertraf schon bald alles, was eine Einzelperson jemals hätte leisten können […]. Das Wiki wurde deshalb rasch zum Musterbeispiel einer ungemein erfolgreichen und effizienten Web 2.0-Implementation erklärt, aber auch zum Symbol einer neuen Macht im Internet, die sogar einen Politiker stürzen kann […]. (Weber 2011: 180)

Ohne Zweifel: Die detaillierte Dokumentation des Plagiatsvergehens zu Guttenbergs durch GuttenPlag trägt großen Anteil an der Entwicklung der Affäre. Ohne die Enthüllungen der Plattform hätten die Medien nicht so umfangreich berichtet, und somit wäre das volle Ausmaß des Vergehens nicht bekannt geworden. Infolgedessen hätte der Minister seine Verfehlungen höchstwahrscheinlich nicht in vollem Umfang eingestehen müssen, der Protest der Doktoranden und Professoren wäre – wenn überhaupt – gemäßigter ausgefallen und Parteikollegen wären nicht öffentlich vom Beschuldigten abgerückt.

Die von Weber erwähnte ‚Macht im Internet' kann zunächst als Ergänzung zu den etablierten Massenmedien gesehen werden. Online-Medien erleichtern die Recherchearbeit, fördern die Metakommunikation und Koordination von Veröffentlichungen und ermöglichen durch den permanent möglichen Einbezug der

Nutzer eine Auseinandersetzung mit relevanten Themenfeldern und Aspekten, die durch die traditionellen Massenmedien entweder nicht als solche identifiziert oder zunächst fälschlicherweise als irrelevant bewertet worden sind.

Die ‚Macht im Internet' kann auf diese Weise auch zur Gegenmacht werden, auch das ist am Analysebeispiel dieser Arbeit deutlich geworden. Werden politische Missstände oder Vergehen politischer Akteure von den Massenmedien nicht ausreichend thematisiert oder gar bagatellisiert, können Online-Öffentlichkeiten antagonistisch tätig werden und durch eigene intensive Auseinandersetzung mit dem entsprechenden Sachverhalt diesen erneut auf die mediale Agenda befördern. So schreibt der SPIEGEL treffend:

> Karl-Theodor zu Guttenbergs Rücktritt ist ein Sieg des Internets. Ohne die akribische Dokumentation der Plagiate im GuttenPlag Wiki wäre die Debatte versandet. So aber brachte der Minister Deutschlands Wissenschaftselite gegen sich auf – nicht einmal die ‚Bild'-Zeitung konnte seinen Job retten. […] Die alten Versende- und Aussitzmechanismen der Bundesrepublik, die schon so vielen Politikern mit Flecken auf der Weste Amt und Würde retteten, funktionieren nicht mehr. Schuld daran ist das Internet. (Spiegel.de: Netz besiegt Minister)

Neben der Macht des Netzes verdeutlicht diese Interpretation der Ereignisse auch die ‚Ohnmacht' der Presse: Die Rede ist von ‚Aussitzmechanismen der Bundesrepublik', die nicht mehr funktionierten. Dabei schwingt der implizite Vorwurf mit, die Presse könne ihre aufklärerischen Pflichten als Hüter der Demokratie heutzutage ohnehin nicht mehr erfüllen, diese würden nun aber glücklicherweise ‚vom Internet' übernommen. Diese Sichtweise ist zwar stark simplifizierend, die Geschehnisse während der Plagiatsaffäre zeigen jedoch deutlich, dass ein Machtverlust der Massenpresse nicht von der Hand zu weisen ist – im Positiven wie im Negativen. Auf der einen Seite ist durchaus denkbar, dass zu Guttenberg die Affäre ohne das Zutun GuttenPlags tatsächlich hätte ‚aussitzen' können. Seine frühen Reaktionen auf die Vorwürfe und die bis zuletzt uneingeschränkte Unterstützung durch Kanzlerin Angela Merkel und weitere prominente Parteifreunde legen diesen Schluss nahe. Die Ursache für die offenkundige Existenz funktionierender ‚Aussitzmechanismen' liegt in der – unter meinungspluralistischen Gesichtspunkten grundsätzlich positiven – Ausdifferenzierung des Mediensystems, im Konkurrieren der massenmedialen Akteure um Aufmerksamkeit und dem damit einhergehenden Zwang zur Tagesaktualität und zur Komplexitätsreduktion aufseiten der berichterstattenden Medien. In der Konsequenz bedeutet dies: Hat ein Thema bis zum Folgetag der Erstberichterstattung keine skandalöse Wendung vollzogen, fällt es von der medialen Agenda und verschwindet im Äther vergangener Belanglosigkeiten – ein Automatismus, den sich medienerfahrene Akteure wie zu Guttenberg nicht selten zunutze machen, und der ohne die Ent-

15

hüllungen der Plagiatsjäger von GuttenPlag auch im vorliegenden Fall höchstwahrscheinlich wieder gegriffen hätte. Auf der anderen Seite hat die meinungsmächtige Boulevardzeitung BILD es trotz eindeutiger Parteinahme und massiver medialer Unterstützung nicht geschafft, zu Guttenberg zu schützen. Dennoch ist die Rolle der auflagenstärksten Tageszeitung Deutschlands im Zusammenhang mit der Affäre besonders kritisch zu betrachten. BILD, theoretisch ein etablierter Akteur der ‚vierten Gewalt', ist – gemessen an demokratischen und medienethischen Grundprinzipien – seinem Selbstanspruch als solchem zweifellos nicht gerecht geworden. Die bedingungslose Parteinahme für zu Guttenberg, die massive Unterstützung auch nach Bekanntwerden und Beweis der Plagiatsvergehen sowie die Manipulationsversuche der öffentlichen Meinung durch eine fragwürdige Instrumentalisierung der eigenen Leserbefragung lassen Zweifel daran aufkommen, ob BILD als bedeutungsmächtiger Vertreter der ‚vierten Gewalt' überhaupt willens oder in der Lage ist, für Demokratie und Rechtsstaat einzutreten.

Vor dem Hintergrund der vorangegangenen Betrachtungen scheint es durchaus legitim, den durch Online-Medien des Web 2.0 konstruierten politischen Online-(Teil-)Öffentlichkeiten den Status einer ‚fünften Gewalt' zuzuschreiben. Schließlich können Verlauf und Ergebnis der Plagiatsaffäre um Karl-Theodor zu Guttenberg letztendlich als Beweis für die Funktionalität des bundesdeutschen Mediensystems und für das Greifen demokratischer Kontrollmechanismen gewertet werden, angetrieben von der Schwarmintelligenz des Netzes. Dennoch muss an dieser Stelle die kritische Frage gestellt werden, ob die Eröffnung einer zusätzlichen politischen Arena im Netz und eine Verlagerung von politischer Macht ins Virtuelle wirklich hilfreich sind. So scheint es zum einen paradox, dass die Anonymität des Netzes zur Herstellung von Transparenz beitragen soll. Zum anderen entstehen hier Gegenöffentlichkeiten, die sich in den meisten Fällen weder institutionell noch ideologisch eindeutig innerhalb des demokratischen Systems verorten lassen und deren Machtzunahme dementsprechend zunächst misstrauisch begegnet werden sollte.

Jedoch: Nüchtern betrachtet scheint die Beschäftigung mit der Frage, ob kritischen Online-(Teil-)Öffentlichkeiten wie GuttenPlag die Macht eines Korrektivs in politischen Meinungsbildungs- und Entscheidungsprozessen zukommen sollte, ohnehin obsolet. Sie besitzen sie längst.

I. Quellenverzeichnis

Literatur

Baecker, Dirk (2004):

Die vierte Gewalt. Massenmedien und Demokratieverständnis. In: Funkkorrespondenz 8/2004, S. 4-9.

Bergsdorf, Wolfgang (1982):

Die vierte Gewalt. Einführung in die politische Massenkommunikation. Mainz: Verlag Hase & Koehler.

Bieber, Christoph/Leggewie, Claus (2004):

Demokratie 2.0. Wie tragen neue Medien zur demokratischen Erneuerung bei? In: Offe, Claus (Hrsg.): Demokratisierung der Demokratie. Diagnosen und Reformvorschläge. Frankfurt/New York: Campus-Verlag, S. 124-151.

Ebersbach, Anja/Glaser, Markus/Heigl, Richard (2008):

Social Web. Konstanz: UVK-Verlagsgesellschaft.

Hemmelmann, Petra (2011):

M(iniste)r perfect? Wie der Politiker Karl-Theodor zum Liebling der Medien wurde. In: Communicatio Socialis 2/2011, S. 169-178.

In der Smitten, Susanne (2007):

Online-Vergemeinschaftung. Potentiale politischen Handelns im Internet. München: Verlag Reinhard Fischer.

Joly, Maurice (1968):

Gespräche aus der Unterwelt zwischen Machiavelli und Montesquieu. München: Meiner.

Leder, Dietrich (2011):

Superstardämmerung. Karl-Theodor zu Guttenberg gibt vor Fernsehkameras eine Erklärung ab. In: Funkkorrespondenz 7/2011, S. 3-5.

Münker, Stefan (2009):

Emergenz digitaler Öffentlichkeiten. Die Sozialen Medien im Web 2.0. Frankfurt am Main: Suhrkamp.

Pentzold, Christian (2007):

Wikipedia. Diskussionsraum und Informationsspeicher im Netz. München: Verlag Reinhard Fischer.

Pürer, Heinz/Raabe, Johannes (2007):

Presse in Deutschland. Konstanz: UVK-Verlagsgesellschaft.

Rüthers, Bernd (1999):

Medien als vierte Gewalt. In: von Graevenitz, Gerhart (Hrsg.): Vierte Gewalt? Medien und Medienkontrolle. Konstanz: UVK-Verlagsgesellschaft, S. 11-18.

Schmidt, Jan (2009):

Das neue Netz. Merkmale, Praktiken und Folgen des Web 2.0. Konstanz: UVK-Verlagsgesellschaft.

Wimmer, Jeffrey (2008):

Gegenöffentlichkeit 2.0. Formen, Nutzung und Wirkung kritischer Öffentlichkeiten im Social Web. In: Schmidt, Jan/Welker, Martin/Zerfaß, Ansgar (Hrsg.). Kommunikation, Partizipation und Wirkungen im Social Web. Strategien und Anwendungen. Perspektiven für Wirtschaft, Politik und Publizistik. Köln: Halem-Verlag, S. 210-230.

Weber, Stefan (2011):

Enthüllungsplattformen im Netz am Beispiel der ‚Plag Wikis‘. Neues Medium der Qualitätssicherung oder virtueller Pranger? In: Communicatio Socialis 2/2011, S. 179-185.

Internetquellen

Augsburger-allgemeine.de: Zu Guttenberg und die Bildzeitung

http://www.augsburger-allgemeine.de/politik/Medien-Virtuose-Zu-Guttenberg-und-die-Bildzeitung-id9545401.html

[Letzter Zugriff: 04.09.2011]

Axelspringer-Mediapilot.de: Auflage BILD Belegungseinheiten

http://www.axelspringer-mediapilot.de/artikel/Bild-Regional-Auflage-BILD-Belegungseinheiten_915700.html

[Letzter Zugriff: 04.09.2011]

Bildblog.de: Deutschland stimmt sich ab

http://www.bildblog.de/28211/deutschland-stimmt-sich-ab/

[Letzter Zugriff: 04.09.2011]

Bild.de: Guttenberg weg – eine tiefe Zäsur

http://www.bild.de/politik/2011/karl-theodor-zu-guttenberg/der-fall-eines-polit-stars-16212500.bild.html

[Letzter Zugriff: 04.09.2011]

Faz.net: Merkel beklagt ‚verlogene Debatte'

http://www.faz.net/artikel/S32372/guttenberg-tritt-zurueck-merkel-beklagt-verlogene-debatte-30329141.html

[Letzter Zugriff: 04.09.2011]

Focus.de: Plagiataffäre wird zu Merkels Problem

http://www.focus.de/politik/deutschland/guttenberg-affaere-plagiataffaere-wird-zu-merkels-problem_aid_604270.html

[Letzter Zugriff: 04.09.2011]

Grimme-Institut.de: Preisträger 2011

http://www.grimme-institut.de/html/index.php?id=1122#c8529

[Letzter Zugriff: 04.09.2011]

GuttenPlag.de: Disclaimer

http://de.guttenplag.wikia.com/index.php?title=GuttenPlag_Wiki&oldid=11469

[Letzter Zugriff: 04.09.2011]

GuttenPlag.de: Kollaborative Plagiatsdokumentation

http://de.guttenplag.wikia.com/wiki/GuttenPlag_Wiki

[Letzter Zugriff: 04.09.2011]

Meedia.de: Eklat: Guttenberg verärgert Journalisten

http://meedia.de/print/eklat-guttenberg-veraergert-journalisten/2011/02/18.html

[Letzter Zugriff: 04.09.2011]

Spiegel.de: Der Bürgerkönig

http://www.spiegel.de/spiegel/print/d-74549664.html

[Letzter Zugriff: 04.09.2011]

Spiegel.de: Im Netz der Plagiate-Jäger

http://www.spiegel.de/netzwelt/web/0,1518,746582,00.html

[Letzter Zugriff: 04.09.2011]

Spiegel.de: Netz besiegt Minister

http://www.spiegel.de/netzwelt/netzpolitik/0,1518,748358,00.html

[Letzter Zugriff: 04.09.2011]

Spiegel.de: Union fürchtet den Abgang des Superstars

http://www.spiegel.de/politik/deutschland/0,1518,746740,00.html

[Letzter Zugriff: 04.09.2011]

Spiegel de: Web-Detektive fanden schon mehr als 3000 Plagiats-Zeilen

http://www.spiegel.de/netzwelt/netzpolitik/0,1518,746881,00.html

[Letzter Zugriff: 04.09.2011]

Stern.de: Der treueste Freund des Volksministers

*http://www.stern.de/panorama/bild-und-guttenberg-der-treueste-freund-des-
volksministers-1655155.html*

[Letzter Zugriff: 04.09.2011]

Sueddeutsche.de: Guttenberg soll bei Doktorarbeit abgeschrieben haben

*http://www.sueddeutsche.de/politik/plagiatsvorwurf-gegen-verteidigungsminister-
guttenberg-soll-bei-doktorarbeit-abgeschrieben-haben-1.1060774*

[Letzter Zugriff: 04.09.2011]

Sueddeutsche.de: Uni Bayreuth erkennt Guttenberg Doktortitel ab

*http://www.sueddeutsche.de/politik/plagiatsvorwuerfe-uni-bayreuth-erkennt-
guttenberg-doktortitel-ab-1.1064217*

[Letzter Zugriff: 04.09.2011]

VroniPlag: Kollaborative Plagiatsdokumentation

http://de.vroniplag.wikia.com/wiki/Home

[Letzter Zugriff: 04.09.2011]

WikiPlag: Kollaborative Plagiatsdokumentation

http://de.wikiplag.wikia.com/wiki/Home

[Letzter Zugriff: 04.09.2011]

Zeit.de: Deutsche halten weiter zu Guttenberg

http://www.zeit.de/politik/deutschland/2011-02/guttenberg-plagiat-umfrage

[Letzter Zugriff: 04.09.2011]

Zeit.de: Guttenberg im Kreuzverhör

http://www.zeit.de/politik/deutschland/2011-02/guttenberg-plagiat-parlament

Zeit.de: Guttenberg legt Doktortitel vorübergehend nieder

http://www.zeit.de/politik/deutschland/2011-02/merkel-guttenberg-plagiate-2

[Letzter Zugriff: 04.09.2011]

Zeit.de: Guttenberg weist Plagiatsvorwürfe als ‚abstrus' zurück

http://www.zeit.de/politik/deutschland/2011-02/guttenberg-doktorarbeit-plagiat-reaktionen

[Letzter Zugriff: 04.09.2011]

Zeit.de: Professoren rebellieren gegen Guttenberg

http://www.zeit.de/politik/deutschland/2011-03/guttenberg-professoren-doktoranden

[Letzter Zugriff: 04.09.2011]